Scheldon Ngoulou

Nouvelle Genèse. Chants pour l'homme éteint

Copyright © 2025 Scheldon Ngoulou
All rights reserved

Aucune partie de ce livre ne peut être reproduite, distribuée ou transmise sous quelque forme ou par quelque moyen que ce soit, y compris la photocopie, l'enregistrement ou d'autres méthodes électroniques ou mécaniques, sans l'autorisation écrite préalable de l'éditeur et de l'auteur, sauf dans le cas de brèves citations incorporées dans des critiques et de certaines autres utilisations non commerciales autorisées par la loi sur les droits d'auteur.

Éditeur: Upway Books

Auteurs: Scheldon Ngoulou

Titre: Nouvelle Genèse. Chants pour l'homme éteint

ISBN: 978-1-917916-11-0

Couverture réalisée sur: www.canva.com

Sommaire

Préface poétique 6
PARTIE I – LE TEMPS DU VERTIGE 7
Chant I – L'homme confort 8
Chant II – Les dieux désarmés 10
Chant III – La langue désertée 11
Chant IV – Les villes mortes 12
Chant V – L'enfant éteint 13
Chant VI – Le vertige 14
PARTIE II – LES CENDRES DU CŒUR 15
Chant I – Le Dieu muet 16
Chant II – Le désert intérieur 18
Chant III – L'errance 19
Chant IV – Le silence des prophètes 20
Chant V – L'extinction 21
Chant VI – Le chant enfoui 22
PARTIE III – L'ÉVEIL DES BRASIERS 23
Chant I – Le refus 24
Chant II – Le retour du souffle 26
Chant III – Les brasiers intérieurs 27
Chant IV – La mémoire en cendres 28
Chant V – L'homme debout 29
Chant VI – La braise du verbe 30
PARTIE IV – LA CONJURATION DU FEU 31
Chant I – L'appel aux veilleurs 32
Chant II – L'alliance des solitudes 34

Chant III – Les poètes armés 35
Chant IV – Le pacte des flammes 36
Chant V – La reconquête 37
Chant VI – Le feu partagé 38
PARTIE V – L'HOMME NOUVEAU 39
Chant I – L'éclat 40
Chant II – Le cœur vaste 42
Chant III – Le langage recréé 43
Chant IV – Le corps retrouvé 44
Chant V – L'esprit indocile 45
Chant VI – L'homme-monde 46
PARTIE VI – L'AUBE FRAGILE 47
Chant I – Le matin debout 48
Chant II – L'équilibre 50
Chant III – Les restes du néant 51
Chant IV – Les protecteurs du feu 52
Chant V – Les cicatrices du futur 53
Chant VI – Le souffle recommencé 54
PARTIE VII – LA DERNIÈRE VEILLE 55
Chant I – L'heure du silence 56
Chant II – Les braises de l'esprit 58
Chant III – Le dernier mot 59
Chant IV – Les mains tendues 60
Chant V – Le dernier souffle de l'aube 61
Chant VI – Le feu du dernier soir 62
PARTIE VIII – LA RÉVÉLATION 63

Chant I – L'instant du dévoilement 64
Chant II – L'œil qui voit enfin 66
Chant III – La vérité crue 67
Chant IV – La lumière déchirée 68
Chant V – La grande parole 69
Chant VI – Le grand réveil 70
Chant VII – Le dernier chant 71

Préface poétique

Au commencement n'était plus le Verbe,
mais le mutisme des foules alignées.
La lumière n'éclairait plus les ténèbres,
elle les distrayait doucement.

La poussière se souvenait de l'homme,
mais l'homme avait oublié la poussière.
Et dans la grande chambre du monde,
les poètes avaient mordu leurs langues.

Voici donc le Livre d'un feu sans flamme,
d'une espérance sans visage,
d'un verbe qui titube
mais qui tient encore la torche.

PARTIE I – LE TEMPS DU VERTIGE

Chant I – L'homme confort

Il vit dans le coton des jours sans contours,
dérivant dans des bruits qui ne sont pas des cris,
paupières rivées aux illusions d'écran,
l'âme courte, le souffle retenu.

Il ne cherche pas le sens,
il cherche la température idéale.
Il ne rêve plus en hauteur,
il scrolle l'oubli comme on caresse une plaie.

Son dos ne connaît plus la charge,
son cœur ne connaît plus l'écho.
Il est l'homme sans pluie, sans faim,
sans dieu, sans abîme.

Chant II – Les dieux désarmés

Les dieux se sont tus.
Ils ont vu l'homme allumer la lumière artificielle,
et croire avoir conquis le ciel.

Ils ont vu l'homme bâtir des tours
sans y mettre d'autels.
Ils ont vu l'homme devenir spectre
au milieu des objets sacrés.

Alors ils ont fui.
Ils se sont repliés dans les fleuves,
dans les cendres, dans les chants qu'on n'écoute plus.
Ils attendent le retour du souffle.

Chant III – La langue désertée

Ils parlent,
mais leurs mots n'ont plus de racines.
Ils psalmodient des signes sans chair,
des syllabes mortes,
comme des prières apprises à des statues.

Ils ont vidé les mots de leur feu.
Le mot *justice* n'est plus qu'un bruit.
Le mot *amour* n'a plus de sang.
Le mot *homme* s'écrit sans majuscule.

Ils ne savent plus nommer.
Ils appellent *écran* la lumière,
et *paix* l'absence de tumulte.
Ils appellent *liberté* leur confort cadenassé.

Et les poètes ?
Ils sont debout sous la pluie muette,
criant dans des langues oubliées,
leur souffle rejeté par les murs lisses.

La langue s'est retirée
comme la mer sous un ciel vide.
Et l'homme reste là, nu,
sans verbe pour se vêtir.

Chant IV – Les villes mortes

Les villes s'étendent comme des mirages,
squelettes de verre, de fer et de lumière froide.
Elles palpitent sans cœur,
vivent sans souffle,
et veillent sans veilleur.

On y marche sans regard,
on y croise sans salut.
On y vit dans des tours alignées
comme des cercueils debout.

Plus de places pour les poètes,
plus de fontaines pour les silences,
plus d'automne dans les rues.
Seulement le flux, le bitume, le béton orphelin.

Les villes n'ont plus d'ombres.
Elles avalent le ciel
et recrachent des reflets.
Elles oublient qu'un jour,
on priait sous les porches.

Chant V – L'enfant éteint

L'enfant naît déjà perdu,
les yeux pleins d'écrans,
le cœur bercé par des voix synthétiques.
Il ne connaît pas la boue,
ni le bois qui parle dans le feu.

Il apprend à cliquer avant de marcher,
à consommer avant de chanter,
à obéir aux algorithmes
plus qu'au vent ou aux anciens.

Ses rêves sont programmés,
ses désirs dictés,
son silence confisqué.
Il n'a pas encore crié
qu'on lui apprend déjà à se taire.

Il ne sait pas qu'il pourrait voler.
Il croit que le monde est plat
et que la lumière vient de la prise.

Mais un jour, peut-être,
un feu inconnu bougera sous sa peau.

Chant VI – Le vertige

Alors l'homme regarde en bas
et ne voit que le reflet de son propre vide.
Il a conquis les cimes,
mais a oublié de s'y agenouiller.

Le vertige n'est plus le frisson du sacré,
mais l'angoisse de n'avoir rien à dire.
Plus d'abîmes à contempler,
plus de dieux à défier,
plus de morts à honorer.

Il tombe sans chute,
meurt sans blessure,
et vit sans épaisseur.

Et pourtant, dans l'ombre d'un soupir,
quelque chose frémit.
Une question nue.
Un doute ancien.
Peut-être…
le premier souffle d'un autre feu.

PARTIE II – LES CENDRES DU CŒUR

Chant I – Le Dieu muet

Il était là, jadis,
dans les pulsations du sang,
dans le bois noir des croix,
dans la rosée sur le front des veilleurs.

Mais maintenant,
il se cache dans les fractures,
il tremble dans les marges,
il parle si bas que même les pierres l'ignorent.

L'homme l'a troqué contre des oracles en plastique,
des certitudes vendues par abonnement,
des lois de confort et des dogmes en veille.
Et Dieu, las, s'est retiré.

Il ne juge plus.
Il n'éclaire plus.
Il regarde.
Peut-être attend-il
qu'un cri vrai le ramène.

Chant II – Le désert intérieur

Rien ne bouge plus sous la peau.
Le cœur est un tambour crevé,
et l'âme, une salle d'attente
où personne ne viendra.

Ils disent : *sois heureux*,
mais ne donnent pas de vent pour les voiles.
Ils disent : *aime-toi*,
mais brisent les miroirs dès l'enfance.

Tout est sec.
Même les larmes ont cessé de couler.
Même les rêves se refusent aux dormeurs.

Le désert a gagné l'intérieur,
et les oasis sont des souvenirs d'avant la mémoire.

Chant III – L'errance

L'homme marche, mais sans direction.
Il fuit, mais ne sait plus quoi fuir.
Il cherche,
mais ses mains sont pleines d'ombres.

Il passe d'écran en écran,
de ville en ville,
de lit en lit,
comme un exilé sans exil.

Il ne sait plus où est l'autel,
où se pose la voix,
où se garde le souffle.

Tout est transit.
Tout est oubli.
Tout est fuite.

Et pourtant,
au fond de lui,
quelque chose saigne doucement :
un feu ancien qui refuse de mourir.

Chant IV – Le silence des prophètes

Ils avaient la bouche pleine d'oracles,
la langue nourrie de visions,
le pas tremblant d'avoir vu trop loin.
Mais on les a tournés en dérision.

On a ri de leur feu.
On a hué leur fièvre.
On a rangé leurs cris dans des archives froides.

Alors les prophètes se sont tus,
non par lâcheté,
mais par lucidité.
Ils savaient que le monde
ne voulait plus entendre.

Et pourtant, dans leurs silences
tremble encore la braise.
Ils murmurent aux pierres,
ils écrivent dans l'air.
Ils attendent qu'un enfant comprenne.

Chant V – L'extinction

Ce n'est pas la mort,
mais une chose plus lente,
plus tiède, plus grise :
la disparition sans drame,
le naufrage sans cri.

L'homme s'éteint
comme une lampe oubliée sur le seuil.
Il s'éteint
dans ses habitudes trop lisses,
dans ses plaisirs mécaniques,
dans ses pensées sous vide.

Il s'éteint
sans même savoir qu'il fut feu.
Et le ciel, indifférent,
tourne la page.

Chant VI – Le chant enfoui

Mais tout n'est pas cendre.

Au plus profond du cœur déserté,
une voix dort encore,
enroulée sur elle-même
comme un enfant dans le ventre noir de la terre.

C'est la voix d'avant l'oubli,
d'avant le confort,
d'avant la chute sans fin.

Elle attend.
Qu'on l'éveille.
Qu'on l'écoute.
Qu'on la nomme.

Elle est le chant enfoui
que même le silence ne peut étouffer.
Elle est l'origine intacte.
Elle est la première étincelle du retour.

PARTIE III – L'ÉVEIL DES BRASIERS

Chant I – Le refus

Quelque chose s'est levé
dans le ventre des hommes.
Un refus incandescent,
muet encore, mais tenace.

Ils ne veulent plus ramper
dans les couloirs lisses de l'oubli.
Ils ne veulent plus sourire
au vide des jours calibrés.

Leurs poings ne frappent pas encore,
mais leurs veines battent plus fort.
Une colère sans nom
gronde sous leurs silences.

Ce n'est pas encore la révolte,
mais l'éveil du nerf.
Le commencement d'un feu
qui cherche ses braises.

Chant II – Le retour du souffle

Le souffle revient.
D'abord léger,
comme un vent timide sur la poussière.
Puis ample, profond, ancestral.

Il remonte les gorges desséchées,
ravive les poumons endormis,
réveille les cordes vocales oubliées
des poètes enterrés vivants.

Ils parlent de nouveau,
non pour plaire,
mais pour faire trembler.

Le verbe redevient chair.
La parole redevient feu.
Et les murs frémissent,
comme si une voix ancienne
les appelait à tomber.

Chant III – Les brasiers intérieurs

Dans chaque cœur,
un feu s'est déclaré.
Ni visible, ni contrôlable.
Un feu de solitude,
de mémoire,
de soif.

Il ne brûle pas les chairs,
mais consume les mensonges.
Il ne détruit pas,
il dévoile.

Dans les enfants nés sans étoiles,
dans les femmes aux mains de silence,
dans les hommes au front baissé,
le feu danse à nouveau.

Ce feu ne vient pas des livres.
Il vient du fond.
Du fond du fond.
Du lieu où la vie
n'a jamais complètement cédé.

Chant IV – La mémoire en cendres

Ils se souviennent.
Pas des dates, ni des noms,
mais d'un battement ancien,
d'une pulsation sous les pierres.

Ils se souviennent
du chant dans les vallées,
des ancêtres dressés contre le néant,
des mains qui sculptaient la lumière
dans la nuit du monde.

Et dans cette mémoire en cendres,
ils trouvent la matière d'un cri neuf,
d'un poème sans concession,
d'un feu pour demain.

Chant V – L'homme debout

Il se lève.
Enfin.

Pas encore pour marcher,
pas encore pour briser,
mais pour affirmer
qu'il n'est pas fini.

Il se lève dans la fatigue,
dans la honte,
dans la peur.
Mais il se lève.

Son dos se redresse
comme un arbre qu'on croyait mort.
Ses yeux, pleins de nuits,
cherchent une aurore
qu'il faudra inventer.

Il n'attend plus.
Il n'espère plus.
Il forge.

Chant VI – La braise du verbe

Et le poème revient.
Pas comme ornement,
mais comme arme.

Chaque mot est une étincelle.
Chaque vers, une flamme sous la langue.
Chaque souffle, une révolte lente.

Les poètes rallument les fournaises.
Ils parlent pour les muets.
Ils pleurent pour les cœurs secs.
Ils chantent pour ceux qui ne savent plus chanter.

Et dans cette parole,
quelque chose d'ancien s'embrase.
Quelque chose d'invincible.
Quelque chose d'humain.

PARTIE IV – LA CONJURATION DU FEU

Chant I – L'appel aux veilleurs

Ils se sont levés dans l'ombre,
Les veilleurs aux paupières brûlantes.
Ils n'ont pas de drapeaux,
Pas de slogans à vendre.
Ils ont des poitrines ouvertes,
Et des poèmes sous les ongles.

Ils viennent du silence,
De la nuit longue,
Des marges.
Ils n'ont rien oublié.
Ni les morts,
Ni les promesses.

Ils appellent.
Non par cri,
Mais par présence.
Et ceux qui entendent
Retrouvent leur souffle.

Chant II – L'alliance des solitudes

Les hommes seuls se reconnaissent.
Les cœurs brisés battent en cadence.
Les femmes veuves de sens
Tressent des flammes avec leurs mains nues.

Ils se rejoignent sans parade,
Dans l'ombre des grands silos,
Dans les creux où la lumière s'égare.

Pas besoin de pactes écrits,
Ni de chefs, ni de bannières.
Seulement le feu en partage,
La faim d'un verbe pur,
Et l'indocilité comme arme.

Une conjuration sans visage,
Mais dont chaque membre
Porte le monde à rebâtir
Dans sa paume ouverte.

Chant III – Les poètes armés

Ils reviennent,
Les poètes.
Pas ceux des salons feutrés,
Mais ceux qui marchent pieds nus
Sur les braises du réel.

Leurs vers sont marteaux,
Leurs strophes des catapultes.
Ils crachent la lumière
Comme d'autres crachent le feu.

Ils disent :
Le monde ne tiendra pas sans chant.
Le monde ne sera pas sauvé sans feu.
Le monde n'est pas à vendre.

Ils n'écrivent pas pour plaire.
Ils écrivent pour fissurer.
Et leurs poèmes s'enfoncent
Dans les murailles du mensonge
Comme des graines dans la terre.

Chant IV – Le pacte des flammes

Ils se regardent et savent :
Il faudra marcher ensemble,
Non par conformité,
Mais par nécessité.

Un pacte se scelle,
Non sur papier,
Mais dans les chairs.
Un serment muet,
Un accord de braises.

Ils se passent le feu
De paume en paume,
Sans mots inutiles,
Sans spectacle.
Une flamme,
Pure,
Transmise
Comme une vérité volée au néant.

Et chacun devient veilleur
De l'autre.

Chant V – La reconquête

Ils avancent.
Pas pour reprendre le monde,
Mais pour l'arracher à la cendre.

Ils ne veulent pas gouverner,
Ni posséder.
Ils veulent créer,
Replanter,
Rebâtir.

Ils retournent les sols bétonnés,
Ouvrent des brèches dans les murs,
Réapprennent aux enfants
La langue du vent et des étoiles.

Ils ne détruisent que le vide.
Ils restaurent le souffle.
Et leur conquête
N'est que mémoire réveillée
Dans le cœur de la pierre.

Chant VI – Le feu partagé

Le feu ne leur appartient pas.
Il passe.
Il circule.
Il danse de voix en voix.

Une parole s'est levée
Qui ne se tait plus.
Une clarté s'est déposée
Dans les regards.
Un peuple se lève
Qui ne demande rien,
Sinon de brûler juste.

Ils ne veulent pas d'empire,
Ni de victoire.
Ils veulent que la vie
Soit à nouveau incandescente.

Et ce feu,
Ce feu fragile,
Ce feu immense,
C'est l'homme retrouvé.

PARTIE V – L'HOMME NOUVEAU

Chant I – L'éclat

Il surgit.
Non des cendres,
mais de la flamme maîtrisée.

Il n'a plus le regard vide,
ni la langue accrochée aux écrans.
Il porte dans ses yeux
le reflet d'un ciel ancien
et la promesse d'un monde à bâtir.

Il ne fuit plus la douleur,
il l'écoute.
Il ne consomme plus la joie,
il l'engendre.

Il marche sans hâte
mais son pas ébranle les siècles.

Chant II – Le cœur vaste

Son cœur n'est plus une citadelle.
Il est une vallée.
Ouvert au vent,
à la plainte,
à l'appel.

Il aime sans mesure,
sans garantie.
Il aime dans la faille,
dans le chaos,
dans le chant dissonant de l'humain.

Il a jeté les chaînes du quantifiable.
Il mesure avec l'âme.
Et dans ses bras,
la terre entière peut dormir
sans craindre le couteau.

Chant III – Le langage recréé

Il a recréé le verbe.
Chaque mot sort de sa bouche
comme une source intacte.

Il ne parle pas pour séduire,
ni pour se vendre.
Il parle pour relier,
pour guérir,
pour faire advenir.

Sa langue est sans filtre,
sans vernis.
Elle taille dans la nuit
des passages,
des refuges,
des aurores.

Il ne ment plus.
Et dans cette vérité,
le monde recommence.

Chant IV – Le corps retrouvé

Son corps n'est plus aliéné.
Il ne s'appartient pas,
il est en lien.

Il ne pèse plus,
il danse.
Il n'obéit plus,
il répond.

Il porte les stigmates
du vieux monde –
fatigue, excès, cicatrices –
mais il en fait des emblèmes,
des fleurs de braise sur sa peau.

Il ne cherche plus la performance,
il cherche la justesse.
Et dans sa marche lente,
la gravité reprend sens.

Chant V – L'esprit indocile

Son esprit ne courbe plus.
Il interroge,
il fracasse,
il contemple.

Il ne cherche pas à convaincre,
il éclaire.
Il ne s'agrippe pas aux certitudes,
il épouse les abîmes.

Il est fait de doute fertile,
de silence médité,
d'inventions vagabondes.

Et l'on sent, dans son regard,
le feu du monde en gestation.

Chant VI – L'homme-monde

Il est multiple.
Ni maître ni esclave.
Ni frontière ni exil.

Il contient les langues,
les peuples,
les douleurs.
Il parle pour les rivières,
les forêts,
les oiseaux.

Il est l'écho des montagnes
et l'ami des villes encore en ruine.

Il est homme,
mais il n'est plus seul.
Il est monde,
et dans son souffle
passe un vent que nul pouvoir
ne saura jamais dompter.

PARTIE VI – L'AUBE FRAGILE

Chant I – Le matin debout

C'est un matin
que nul algorithme n'avait prédit.
Ni parfait,
ni propre,
mais réel.

Il ne vient pas des horloges,
ni des bulletins.
Il surgit du dedans,
des interstices.

Les oiseaux hésitent encore.
La lumière tremble
comme un enfant dans le froid.

Mais c'est le matin.
Et l'homme, debout,
regarde sans cligner
ce qu'il faudra embrasser,
et ce qu'il faudra affronter.

Chant II – L'équilibre

Il avance sur une ligne fine
entre chute et émergence.
Chaque pas est une question.
Chaque geste,
un risque.

Il ne peut plus se permettre l'oubli.
Il sait que la mémoire
est son unique rempart.

Mais il sait aussi
que vivre,
c'est risquer la clarté
et le tremblement.

L'aube n'est pas une promesse.
Elle est un chantier.
Et sur cette terre nue,
l'homme bâtit
sans certitude.

Chant III – Les restes du néant

Le néant n'a pas disparu.
Il rôde encore,
sous d'autres noms,
d'autres habits.

Il parle par écrans,
par statistiques,
par slogans.

Il attend le moment
où l'homme flanchera,
où l'oubli redeviendra tentant,
où le confort refera sa danse
de chaînes dorées.

Mais l'homme nouveau le connaît.
Il le nomme,
il le voit,
et cela suffit à le tenir à distance.

Chant IV – Les protecteurs du feu

Ils veillent.
Les anciens,
les enfants,
les poètes.
Tous ceux dont le cœur bat
à l'unisson d'un monde
non encore advenu.

Ils protègent la flamme.
Non par force,
mais par présence.
Non par peur,
mais par amour.

Ils savent que le feu
peut mourir d'indifférence.
Alors ils parlent.
Ils chantent.
Ils transmettent.

Et la flamme se transmet
comme une lueur
entre deux âges.

Chant V – Les cicatrices du futur

Le futur ne sera pas pur.
Il portera les traces
de ce que nous avons fait,
de ce que nous n'avons pas su faire.

Il y aura encore des blessures,
des failles,
des chutes.

Mais il y aura aussi
des ponts.
Des mains tendues.
Des chants sous les ruines.

Le futur n'est pas une utopie,
mais une lutte vivante,
faite de chair,
de sueur,
et d'intelligence partagée.

Chant VI – Le souffle recommencé

Et le souffle,
encore.
Infini, fragile, recommencé.

Il monte
comme une prière
sans maître.

Il ne dit pas "j'ai réussi"
mais "j'existe encore".
Il ne crie pas victoire,
mais fidélité.

À la vie.
À la beauté.
À la braise.

Et dans ce souffle,
tous les hommes anciens,
toutes les femmes de feu,
tous les enfants debout,
chantent ensemble
la naissance fragile
d'un monde à défendre.

PARTIE VII – LA DERNIÈRE VEILLE

Chant I – L'heure du silence

Il est une heure.
Ni tôt, ni tard,
mais celle de l'attente.
L'heure où le monde s'étire
dans la lumière d'une veille
qui ne connaît plus de fin.

Tout semble suspendu.
Les ombres ne bougent plus.
Les arbres frémissent,
et pourtant,
aucun vent n'effleure leur peau.

C'est le silence.
Non celui de l'oubli,
mais celui de la conscience
qui sait que tout est encore à sauver.
La veille est dure,
mais l'aube ne reviendra pas sans elle.

Chant II – Les braises de l'esprit

Dans les âmes,
les braises couvent.
Rien n'est éteint.
Tout est en attente.
Le souffle d'hier souffle encore
dans les poitrines,
le vent d'aujourd'hui cherche un corps
où se poser.

L'homme regarde
l'horizon ancien,
sans chercher à fuir.

Il sait que l'ombre
et la lumière se confondent,
et que l'une sans l'autre
n'a pas de sens.

Les braises sont là,
telles des promesses incertaines.
Mais elles sont vivantes,
et il les garde comme un trésor.

Chant III – Le dernier mot

Le dernier mot ne sera pas
celui des vainqueurs.
Ni celui des défaites,
ni des consensus.

Il sera d'abord un souffle,
un murmure.
Un nom prononcé
dans le vide.

Le dernier mot ne sera pas prononcé
par ceux qui dominent,
mais par ceux qui n'ont plus rien à perdre.

Ce sera le mot de l'aube,
qui se dit avant tout réveil,
avant tout renouveau.

Un mot de réconciliation,
pas avec le passé,
mais avec l'avenir
encore incertain.

Chant IV – Les mains tendues

Les mains sont tendues.
Les hommes et les femmes,
fissurés par le monde ancien,
tendent leurs mains,
et cette fois,
elles ne se referment pas.

La paume ouverte,
en direction de l'autre,
du monde fragile à soutenir.

Dans cette ultime épreuve,
elles se soutiennent,
elles se relient.
Plus aucune frontière,
plus aucune haine
ne peut franchir ce seuil.

Les mains tendues
tiennent la vérité.

Chant V – Le dernier souffle de l'aube

L'aube est là,
encore frêle,
mais présente.

Elle est l'ombre d'un pas,
l'écho d'un geste,
un espoir fragile
qui résiste à la fin de tout.

Les hommes savent que tout
n'est pas gagné.
Mais ils savent aussi
qu'un monde nouveau se dresse
dans l'espace entre deux souffles.

Il est là, cet instant
où l'on choisit de croire
qu'après le dernier souffle,
le dernier mot,
quelque chose persiste.

Chant VI – Le feu du dernier soir

Ce soir-là,
le feu ne cessera de brûler.
Il brûlera dans les cœurs
qui savent que l'étreinte finale
n'est pas celle de la fin.

Il brûlera dans les veilleurs
qui ont choisi de rester,
jusqu'au dernier éclat,
jusqu'à la dernière braise
qui s'éteindra
dans le ventre de la terre.

Mais tant que ce feu
est dans nos mains,
nous sommes encore vivants.

Et dans ce dernier feu,
nous avons tout fait.
Tout tenté.
Tout reconquis.

PARTIE VIII – LA RÉVÉLATION

Chant I – L'instant du dévoilement

Ce n'est pas un choc.
Ce n'est pas un tremblement de terre.
Ce n'est pas la fin du monde.

C'est juste un instant.
Comme un éclat dans la nuit,
comme une étoile filante
qui traverse un ciel saturé.

La révélation est là,
dans ce silence
qui précède le mot,
dans cet espace
avant tout mouvement.

Elle est présente,
elle n'a jamais cessé d'être,
elle attendait juste qu'on la reconnaisse.

Chant II – L'œil qui voit enfin

L'homme n'est plus aveugle.
Il voit tout.
Il voit les décombres
et il voit les fleurs
qui repoussent à leur place.

Il ne fuit plus la vérité,
il l'accueille.

Ce n'est pas la lumière pure,
ce n'est pas la vérité éclatante
de l'ordre ancien.

C'est une lumière fragile,
nuancée,
mêlée de ruines et de renaissances.

Il voit.
Il ne craint pas de voir.
Il porte dans ses yeux
la vision du monde complet,
non comme un objet à posséder,
mais comme un tout vivant à comprendre.

Chant III – La vérité crue

La vérité ne se cache plus
derrière des rideaux de mensonges.
Elle se montre crue,
entière,
sans fard.

Elle est faite de douleurs
et de joies entremêlées,
de souffrances et d'élans.
Elle n'est pas lisse,
ni facile.

Elle est la mémoire
de ceux qui ont perdu,
mais aussi le chant
de ceux qui ont tout reconquis.

Et dans ce cri,
l'homme découvre qu'il n'est plus
un spectateur du monde,
mais son créateur.

Chant IV – La lumière déchirée

La lumière qui brille
n'est pas une lumière douce,
mais une lumière de foudre.

Elle déchire l'horizon,
elle sème des éclats
dans les yeux des hommes.
Elle dévoile les ombres
et les rend vivantes.

Il n'y a pas d'ombre sans lumière,
et pas de lumière sans ombre.

L'homme voit à travers le voile
de ses propres illusions.
Il découvre que la vérité
ne se trouve pas dans un reflet parfait,
mais dans la confrontation
avec ce qui est imparfait,
brisé,
fracturé.

Chant V – La grande parole

L'homme n'a plus peur de parler.
Ses paroles ne cherchent plus à séduire.
Elles cherchent à libérer.

Il dit ce qu'il a vu.
Il dit ce qu'il a touché.
Il dit ce qu'il porte en lui,
sans artifice,
sans calcul.

Ses mots ne sont pas des promesses,
mais des déclarations de guerre
contre le silence
qui a longtemps recouvert la terre.

Il dit,
et ce qu'il dit
devient la parole vivante
de la transformation du monde.

Chant VI – Le grand réveil

Le monde se réveille,
lentement,
comme une bête qui ouvre ses yeux
après un long hiver.

Il ne se réveille pas tout entier.
Les ombres traînent encore,
les murs vacillent.

Mais l'homme sait maintenant
que chaque geste,
chaque parole,
chaque souffle
est un pas vers la vérité retrouvée.

Il n'y a plus de doute.
Il n'y a plus de chemin caché.
Tout est devant lui.
Tout est possible.

Et dans ce réveil,
il trouve l'unité perdue.

Chant VII – Le dernier chant

Ce chant n'est pas un cri.
Ce n'est pas une victoire
sur l'histoire.

C'est la reconnaissance
de ce qui a toujours été.
De ce qui a toujours voulu naître
dans le cœur de l'homme.

Ce chant,
c'est celui de l'homme
qui se reconnaît enfin,
non comme une entité isolée,
mais comme une partie
du grand Tout.

Ce chant est une prière,
une offrande,
une rédemption
qui ne demande rien d'autre
qu'être entendu.

www.ingramcontent.com/pod-product-compliance
Lightning Source LLC
Chambersburg PA
CBHW071333190426
43193CB00041B/1762